AF497976

ALLIANCE SCIENTIFIQUE UNIVERSELLE

(INSTITUTION ETHNOGRAPHIQUE)

SOCIÉTÉ D'ETHNOGRAPHIE — SOCIÉTÉ AMÉRICAINE DE FRANCE —
DIVAN ORIENTAL ET AFRICAIN — SOCIÉTÉ DES ÉTUDES JAPONAISES

—

COMMISSION DES RÉCOMPENSES ET ENCOURAGEMENTS

—

BUSTE EN BRONZE

DE

CHARLES DE LABARTHE

ŒUVRE DU STATUAIRE WL. HÉGEL

—

LISTE DES SOUSCRIPTEURS

PARIS

A L'HOTEL DE L'ALLIANCE SCIENTIFIQUE
28, rue Mazarine, 28
1887

La Société d'Ethnographie est fière de montrer qu'elle n'oublie jamais les services qui lui ont été rendus.

BUSTE DE CHARLES DE LABARTHE

LISTE DES SOUSCRIPTEURS

		FR.	C.
MM.	Allain (René)................	5	»
	Argenton (le baron d').......	10	»
	Arnaud-Jeanti (Louis)........	10	»
	Barbat (Paul)...............	2	»
	B*** (le général baron)........	2	»
	Bellecombe (André de)........	5	»
	Bellin (Gaspard), à Lyon......	5	»
	Benoist du Rey...............	5	»
	Bergé (l'abbé), à Puységur.....	2	»
	Boell (Paul).................	1	»
	Brill (E.-J.), à Leide..........	10	»
	Brouet......................	2	»
	Burty (Philippe)..............	5	»
	Cahun (Léon)................	1	»
	Carnot, de l'Institut, sénateur...	30	»
	Castillon (le comte de)........	5	»
	Chapelle (F.), à Saint-Etienne...	2	10
	Charton (Éd.), sénateur......	5	»
	Chodzko (Alexandre).........	1	»
	A REPORTER...........	108	10

		FR.	C
	REPORT.............	108	10
MM.	Cliff (Henry), à St-Quentin...	5	»
	Corvasier (H.).............	5	»
	Cotty (Armand).............	2	»
	Cousin (Charles).............	5	»
	Cuenne (Aug.), à Carcassonne.	5	»
	Daireaux (Émile).............	10	»
	Dangu (E.), à St-Valery-en-Caux.	5	»
	Delamare (Théodore)...........	2	10
	Deramey (l'abbé).............	5	»
	Dilhan (le comte).............	5	»
	Donatis....................	5	»
	Dubard, conseiller à la Cour..	5	»
	Duchinski (de Kiev)..........	5	»
	Duclaud (Aug.), ancien député..	5	»
	Duhousset (le colonel).........	5	»
	Dulaurier (Augustin)...........	2	»
	Dumas (Victor).............	1	»
	Eloffe (G.).................	5	»
	Faria (le vicomte de).........	10	»
	Féry (A.).................	1	50
	Fillatreau (le Dr).............	5	»
	Fillon....................	2	»
	Fischer de Chevriers..........	20	»
	Foucaux (Ph.-Éd.)...........	2	25
	A REPORTER...........	230 f. 95	

		FR.	C.
	REPORT	230	95
MM.	Gaffarel (Paul)	5	»
	Geslin (J.-C.)	2	»
	Gravier (Gabriel), à Rouen	2	»
	Grelat (le Dr C.)	5	»
	Harlez (Mgr de), à Louvain	5	»
	Holzhausen (Adolf), à Vienne	2	»
	Irgens-Bergh (le capitaine d') à Copenhague	3	»
	Joest (le Dr Wilhelm), à Berlin	1	»
	Jourdanet (le D^r)	20	»
	Laborie (Mlle P.)	3	»
	Lagache (Célestin), sénateur	10	»
	Lamas (P.-S.)	10	»
	Le Blois, pasteur, à Strasbourg	2	50
	Le Brun, à Lunéville	1	50
	Lecoq de Boisbaudran, de l'Institut	5	10
	Legrand (le D^r)	10	»
	Lemercier (Alfred)	5	»
	Lemercier (Joseph)	5	»
	Lesouëf (Auguste)	20	»
	Lequesne, statuaire	5	»
	Lucas (Charles), architecte	5	»
	Ly Chao-pee	1	»
	Malte-Brun	5	»

A REPORTER............ 364 f. 05

	FR.	C.
REPORT...............	364	05
Marceron....................	2	»
Marconnet (Paul).............	1	»
Mène (le Dr Édouard)	10	»
Mès	2	»
Michalowski (le D^r)	5	»
Millioud (Alfred)..............	1	»
Mimault.....................	2	»
Nicati (Paul)	2	»
Paugoy......................	5	»
Pector (Désiré), consul général.	5	»
Peignet (Ch.).................	5	»
Perrin (Paul)	1	05
Peuvrier (Achille)	2	»
Pipart (l'abbé), à Nazelles	5	»
Pitrou (Octave)...............	5	»
Pret (C.-A.)..................	5	»
Rudy (Charles)...............	5	»
Rosny (Léon de)..............	10	»
Schilz, à Failon..............	5	»
Semallé (René de)	2	»
Silbermann (J.-J.)	1	20
Siméon (Rémi)................	5	»
Tasset (Paulin)	2	»
Teutsch (Alfred)..............	2	»
A REPORTER............	454	30

	FR.	C.
Report...........	454	3o
Textor de Ravisi (le baron)....	5	»
Thorel (le Dr).............	10	»
Torres Caicedo, ancien ministre.	10	»
Tr*** (J.)..................	1	»
Tugault (Alfred).............	2	»
Urechia (V.-Al.), sénateur......	5	»
Urechia (Mme)..............	3	»
Urechia (le Dr A.)...........	2	»
Verrier (le Dr E.)...........	3	»
Villemereuil (le commandant de)	10	»
Vincent (Édouard)...........	5	»
Vogué (le marquis de), de l'Institut.......	20	»
Weil (Daniel), délégué........	5	»
Youferow (Wladimir de).......	6	»
Zelinski (Louis de)...........	1	»
Un anonyme..................	1	»
Un anonyme..................	4	»
Total.........	547	3o

COMPTE-RENDU DE LA SOUSCRIPTION

RECETTES	FR.	C.	FR.	C.
Souscriptions	547	30		
DÉPENSES				
Composition artistique, faite gratuitement par M. Wl. Hégel, statuaire.....................			» »	» »
Fonte du buste en bronze..........			400	» »
Impression de la liste des souscripteurs......................			28	» »
Frais de correspondance, etc.......			27	50
Souscription restant à recevoir......			33	50
Reliquat à verser à la Commission des Récompenses et Encouragements........................			58	30
	547	30	547	30

Certifié exact :

Les membres de la Commission,

Dʳ MÉNE, Léon DE ROSNY, O. PITROU.

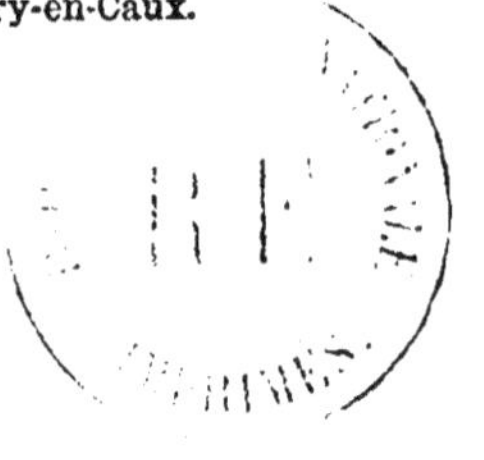

Imprimerie E. DANGU, à Saint-Valery-en-Caux.

www.ingramcontent.com/pod-product-compliance
Lightning Source LLC
LaVergne TN
LVHW051346200726
843510LV00002B/847